AF138970

# Nives *Heilung*

*Diagnose Krebs und (Selbst)Heilung*

*Eine wahre Geschichte.*

*Patti Armanini*
*Copyright © 2014 Patti Armanini*

Es wird darauf hingewiesen dass alle Angaben in diesem Buch
trotz sorgfältiger Bearbeitung ohne Gewähr erfolgen und dass
eine Haftung des Autors oder des Verlages ausgeschlossen ist

Redaktionelle Verarbeitung und Publizierung:
Patti Armanini
Buchsatz & Cover Patti Armanini
Fotos: Patti Armanini
Herstellung und Verlag: BoD – Books on Demand, Norderstedt
ISBN: 9783735758149


1. Auflage 2014

## DIE AUTORIN

Patti Armanini, gebürtige Meranerin, Mutter eines Sohnes, ist Übersetzerin & Autorin, freischaffende Künstlerin und Schmuck-Designerin, lebt und arbeitet derzeit im schönen Ahrntal in Südtirol.

Die Diagnose Krebs trifft mittlerweile einen von drei Menschen. Für jeden Betroffenen bricht in jenem Moment die Welt zusammen. Die Fragen überhäufen sich, die Unsicherheit ist an der Tagesordnung, die Verzweiflung steht einem ins Gesicht geschrieben, das bisherige Leben gerät aus allen Fugen, ein großes Fragezeichen steht im Vordergrund.
Im Zeitalter der ‚invasiven Medizin' soll dieses Buch ein Aufruf sein, auch auf die innere Stimme zu hören, auf den eigenen Körper, zurück zur Natur und zur eigenen Lebensenergie zu finden. Es soll Hoffnung machen und soll kein ärztlicher Ratgeber sein.
Heilung ist für jeden möglich. So wie für die Protagonistin dieser Geschichte, die überlebt hat.

Patti Armanini
2014
http://www.patti-armanini.com

„Einem Menschen, der viel Liebe gibt, wenden
sich auch die Tiere zu;

selbst die Blumen scheinen ihm zu folgen, wenn
er an ihnen vorübergeht, sie scheinen seine
Liebe zu erkennen und zu erwidern.

Liebe kann sich ausdehnen, sie kann das ganze
Universum umfassen.

Sie kann heilen."

Bear Heart

„Am Anfang des Heils ist die Kenntnis des
Fehlers."

Epikur

„Der Arzt verbindet deine Wunden. Dein
innerer Arzt aber wird dich gesunden. Bitte ihn
darum, sooft du kannst."

Paracelsus

# INHALT

*Der Dalai Lama wurde gefragt, was ihn am meisten überrascht.*

*Er sagte:*

*„Der Mensch, denn er opfert seine Gesundheit, um Geld zu machen.*

*Dann opfert er sein Geld, um seine Gesundheit wiederzuerlangen.*

*Und dann ist er so ängstlich wegen der Zukunft, dass er die Gegenwart nicht genießt.*

*Das Resultat ist, dass er nicht in der Gegenwart oder in der Zukunft lebt.*

*Er lebt, als würde er nie sterben, und dann stirbt er und hat nie wirklich gelebt."*

## Der Rosenkranz

Woher sie ihn hat, weiß sie nicht mehr.

Aber manchmal, wenn sie müde und ausgelaugt ist nimmt sie ihn noch in die Hand, fühlt sich dabei irgendwie mit der Vergangenheit, Gegenwart und Zukunft, mit ihrem Leben insgesamt enger verbunden.

Der Rosenkranz gibt ihr immer noch die Kraft, die innere harmonische Ruhe wie damals, als es ihr sehr schlecht ging, sie nach der x-ten Operation vom Krankenhaus heimgekommen war und der Rosenkranz unter ihrem Polster lag.

Ihr einziger Trost.

Eigentlich hatte sie sich vor der Krankheit immer gegen diese starke Energie, gegen Gott gewehrt. Hatte sich gesträubt, sich mit ihrem Glauben auseinanderzusetzen.

Sie war keine Kirchgängerin, obwohl sie nach den Geboten lebte.

Aber das ganze Drumherum, das scheinheilige Getue, die kirchliche Macht, die Oberflächlichkeit der Menschen, das alles war ihr einfach zuwider.

## Nives

Nives war 21 Jahre alt, hübsch, sportlich, äußerst sensibel, intelligent. Wie alle in ihrem Freundeskreis hatte auch sie sich große Ziele gesteckt, wollte die Welt bereisen, an der Uni zwei oder drei Fachrichtungen studieren, die sie interessierten.

An der Universität gefiel es ihr sehr gut, mit dem Studium kam sie sehr gut voran. Sie hatte ein rasches Auffassungsvermögen und war fleißig, bis sie sich zum ersten Mal so richtig verliebte. Kennengelernt hatte sie ihn, als sie eine Mitfahrgelegenheit suchte sowohl zur Uni hin als auch an den Wochenenden, als sie wieder heimfuhr. Sein stilles Gemüt, sein Charme, seine Intelligenz und Gefühlstiefe zogen sie unwiederstehlich an. Doch sie erfuhr, dass er in eine andere Frau unglücklich verliebt war, ihretwegen schon oft an Selbstmord gedacht hatte.

Das alles ging Nives nicht mehr aus dem Kopf, dementsprechend wirkte sich dies negativ auf ihr Studium aus. Jenes Semester schaffte sie nur zwei Prüfungen.

Sobald sie ihn sah, bekam sie Herzklopfen, wusste aber dass es aussichtslos war, fühlte, dass sie ihre Zuneigung unterdrücken, sich zurückhalten musste, denn sie wollte mit ihm wenigstens eine Freundschaft haben.

So trafen sie sich manchmal am Ufer eines Flusses und sprachen oft Stunden über Gott und die Welt. Abends ging sie ab und zu zu ihm in seine Wohnung. Er schrieb sehr tiefsinnige Gedichte bei einem Glas Rotwein und schöner Blues-Musik.

Sie neigte sich von hinten über ihn, als er ihr die Gedichte am kleinen Schreibtisch vorlas. Beide waren für kurze Zeit ausgelassen und sie fühlten sich wohl.

Eines Abends lag er im Bett, sagte kein Wort, als sie kam. Sie legte sich zu ihm, sah ihm lange Zeit tief in die Augen, ohne dass etwas passierte oder ein Wort fiel. Dann tränten seine Augen. Er sah sie an, als ob er sich entschuldigen wolle unfähig zu sein, die Initiative zu ergreifen. Er liebte zwar die andere Frau, aber Nives mochte er auch, irgendwie. Trotzdem fanden sie nicht zueinander. Sie war enttäuscht, weil er ihr erster Mann gewesen wäre mit dem sie gern geschlafen hätte, er war unsicher, unentschlossen und hin- und hergerissen.

Sie beschloss zu gehen.

Sie fuhr zu einem Studenten hin, dem sie ihre Gitarre vor Tagen geliehen hatte und der gleichzeitg an vier Fakultäten inskribiert war. Als sie ankam hieß es, sie hätte Glück, die Gitarre sei noch da. Auf die Frage, wie – sie ist noch da? – kam die Antwort, er habe sich vergangene Nacht erhängt. Er habe sich zuviel vorgenommen und hätte Schluss mit seinem Leben gemacht, als er merkte, dass er mit dem Studium überfordert war und nicht schaffen konnte, was er sich vorgenommen hatte.

Verstört fuhr Nives nach Hause.

Irgendwann war ihr alles zuviel. War sie am Studienort, ging ihr alles auf die Nerven, sobald sie am Wochenende heimkam zu den Eltern, dasselbe.

Sie fühlte sich eingeengt.

Es gab manchmal Situationen, in denen sie am liebsten abgehaut wäre, weg von allem, aber die finanziellen Mittel ließen dies nicht zu. Dann kam noch die schlechte Nachricht, dass der Studientitel in ihrem Land nicht anerkannt war. Ungläubig ging sie der Sache auf den Grund, bis es Schwarz auf Weiß feststand. Der Professor meinte, die einzige Möglichkeit sei ein Doppelstudium.

Kein Problem, dachte sie, und besprach es mit ihrem Vater. Er hörte ihr aber nicht zu. Sagte, das, was du inskribiert hast, führst du zu Ende. Du machst kein Doppelstudium! Sonst steuere ich für das Studium nichts mehr bei. Zwei Monate noch und dann ist Schluss! Umsonst all ihre Versuche, ihm klarzumachen, dass das Studium nicht anerkannt war, ein Doppelstudium die einzige Möglichkeit war, zu einen anerkannten Doktortitel zu kommen.

Nives suchte eine Arbeit am Studienort, schließlich hatte sie schon 27 Prüfungen mit Erfolg abgelegt und wollte nicht alles hinschmeißen, doch sie hatte Pech und fand nichts. Nicht einmal im Krankenhaus als Aushilfe für die Nachtschicht. So blieben ihr nur noch zwei Monate Zeit und Geld.

Eine Welt brach für sie zusammen, all ihre Zukunftsaussichten im Nu zunichte gemacht. Zum x-ten Mal ihre Flügel gestutzt.

Daheim war dicke Luft. Vor allem mit ihrem Vater.

Nach einer Auseinandersetzung beschloss sie auszuziehen, sich eine Arbeit zu suchen.

Diesmal klappte beides, wenn auch mit Schwierigkeiten verbunden.

Der Personalchef einer öffentlichen Verwaltung, der verheiratet war, erwies sich nach kurzer Zeit als widerlicher Lustmolch, der ihr drohte dafür zu sorgen, dass sie die Arbeit wieder verlor, wenn sie nicht ‚nett' zu ihm gewesen wäre. Sie ließ sich trotz Schwierigkeiten, die er ihr arbeitsmäßig immer wieder verursachte, nicht einschüchtern.

Was das Haus betraf, das Nives zu mieten fand, hatte ihr ihre ehemalige Schulfreundin verschwiegen, ihren muslimischen Freund mitzunehmen. Eigentlich waren die beiden schon getrennt, doch es kam alles anders.

Er führte sich vom ersten Tag an als Boss auf und meinte, auch Nives Befehle erteilen zu können, die sie allerdings kalt ließen. Ihre Freundin wischte frühmorgens die Böden, versorgte den Haushalt, führte seine Befehle kommentarlos aus.

Nives wunderte sich sehr über ihr Verhalten.

Nach einigen Monaten zog Nives Freundin aus, die Probleme mit dem dagebliebenen Ex häuften sich. Nives musste finanziell alleine für alles aufkommen und hoffte, dass er bald wieder verschwinden würde.

Aber er hatte sich zu gut organisiert. Da Nives Freundin aus gutem Haus stammte, bestand ihr Freundeskreis vor allem aus Leuten der ‚oberen Schicht'. Er hatte somit jeden Tag jemanden der ihn zum Essen einlud und ihm unter die Arme griff, wenn er etwas brauchte.

Er war mit Leib und Seele Künstler, der es gewohnt war, auf Kosten anderer sein Leben zu leben.

### Die kleine ‚Blase'

Eines Tages beschloss Nives, ihrer Familie daheim einen Besuch abzustatten. Es war schon ein Jahr vergangen, seitdem sie das letzte Mal dort war. Ihre Brüder waren noch klein und freuten sich über ihren Besuch.

Es war sehr warm, so beschloss sie, sich umzuziehen.

„Sag mal, was hast du da hinten, am Oberschenkel? Hast du dich verbrannt?", fragte sie der Bruder.

„Nein, warum?", antwortete Nives.

„Du hast da eine Blase", „Schau nur!"

Nives sah nach und sah die Blase zum ersten Mal. Sie hatte sie nie zuvor bemerkt.

Eigenartig, dachte sie, ich werde wohl irgendwo angestoßen sein, verbrannt habe ich mich sicher nicht! Sie dachte nicht weiter darüber nach, verbrachte den restlichen Tag zuhause und fuhr dann wieder heim.

NIVES HEILUNG

## Fremd, und doch nicht fremd

Der Ex ihrer Freundin machte Nives von Tag zu Tag immer mehr Probleme.

Nives hatte einen harten Job, bei dem sie sich keinen Fehler leisten konnte, da es unter anderem auch um Buchhaltung ging.

Von den drei Zimmern im oberen Geschoss hatte er zwei für sich beansprucht, Nives schlief in einem kleinen Zimmer auf der anderen Seite des Hauses. Er lud abends Freunde ein, feierte bis tief in die Nacht hinein, sodass sie nicht schlafen konnte.

Sie regte sich auf, sagte, er könne seine Freunde doch tagsüber einladen und mit ihnen feiern, wenn sie bei der Arbeit war, aber er hatte Spaß daran, sie zu ärgern. Da er weder die Miete noch die Kosten übernahm, musste Nives stets für alles aufkommen.

Den Mietvertrag hatten sie zu dritt unterzeichnet. Oft kam sie abends müde nach Hause. Entweder schliefen da fremde Leute, die er eingeladen hatte, oft musste sie den Hahn für das warme Wasser im Badezimmer zudrehen, das er stundenlang laufen ließ, um die Warmwasserrechnung, die sie zahlte, in die Höhe zu treiben.

Einmal drohte er ihr mit einem Messer, doch da er ein Dreikäsehoch war, stellte sie sich breitbeinig vor ihm hin und meinte, was er denn wolle, der Zwerg, er solle endlich verschwinden! Sie hatte keine Angst vor ihm, trotz seiner häufigen Drohungen mit dem baldigen ‚Heiligen Krieg', bei dem die Muslime aller Welt die Europäer und Amerikaner ein für alle Mal ausradiert hätten.

Die kleine Blase auf ihrem Oberschenkel wurde mit jeder Aufregung immer größer. So als hätten ihre Gedanken und Sorgen den größten Einfluss auf Stillstand oder Wachstum dieses ‚Fremdkörpers'. Sie begann, sich Sorgen zu machen und Fragen zu stellen. Körperlich war sie ja sonst fit, aß immer gesund. Im Laufe von zwei Jahren war jedoch aus der Blase eine 16 x 19 cm große Geschwulst geworden.

Beim Baden spürte sie diesen ‚Fremdkörper, der trotzdem zu ihr gehörte' am meisten, aber auch beim Sitzen. Sie hatte Angst. Irgendwie hatte sie das Gefühl, dass die Geschwulst eine Art Ausgleich für eine mangelhafte Körperfunktion sei, andererseits störte sie das ungemein. Zum Arzt wollte sie jedoch nicht.

Sie bildete sich ein, dass sich das alles zurückbilden würde, bzw. dass sie ein natürliches Heilmittel fände.

Endlich zog der Ex seiner Freundin aus, doch sie hatte ihre Arbeit wegen des Personalchefs doch dann verloren und war gezwungen, wieder nach Hause zu ihren Eltern zu gehen.

Sie suchte sich gleich eine andere Arbeit. Beim Sitzen am Schalter störte sie die Geschwulst sehr. Nicht, dass sie Schmerzen verursacht hätte, aber dieses Ziehen war sehr unangenehm. Trotzdem hatte sie mehr Schwierigkeiten beim Stehen als beim Sitzen.

Der Chef war klein, arrogant und hatte seine Machtposition nur deshalb inne, weil er das Personal untereinander aufhetzte.

Jedes Mal, wenn sie Arbeitsmaterial brauchte, musste sie zwei Sicherheitstüren passieren, ins obere Stockwerk hinaufgehen, von dort in sein Büro. Brauchte sie Seife für das Badezimmer, so nahm er eine kleine billige Seife und schnitt ein kleines Stückchen ab. Damit mussten alle so lange wie möglich auskommen.

Da das Gebäude sehr alt war, tummelte sich verschiedenes Ungeziefer am Boden herum, eine Arbeitskollegin war sogar gebissen worden. Mehrmals verschwand Geld aus der Sicherheitskassette, bis Nives draufkam, dass der Chef persönlich dafür verantwortlich war. Das Personal musste jedoch für die fehlenden Geldbeträge aufkommen.

Nives hatte nichts zu verlieren. Sie war nicht verheiratet mit Kindern wie andere, die Angst hatten, sich zu wehren. Sie sagte ihrem Chef unverdrossen ihre Meinung ins Gesicht. Daraufhin wurde sie eingespannt, frühmorgens in einem anderen Büro stehend auszuhelfen, obwohl er von ihren gesundheitlichen Problemen wusste.

Bis sie es eines Tages satt hatte, kündigte, und noch am selben Tag ging.

## Der erste Arztbesuch

Als Nives eine andere Geschwulst unter ihrer Achselhöhle entdeckte, beschloss sie zum ersten Mal zu ihrem Hausarzt zu gehen, den sie noch aus der Studienzeit kannte. Er war ein ausgezeichneter Diagnostiker und Arzt. Außerdem sehr sympathisch.

Es stellte sich heraus, dass sie wahrscheinlich auf ein Achseldeo allergisch reagiert hatte und er beruhigte sie diesbezüglich. Doch als sie Mut fasste und ihm ihre Geschwulst auf dem Oberschenkel zeigte, riet er ihr sofort ins Krankenhaus zu gehen, sich untersuchen zu lassen.

Nives erzählte ihm, dass sie, in der Meinung es sei bloß eine große eitrige Geschwulst, sich sogar die Nadel reingestochen hatte. Er antwortete, sie solle solche Sachen unterlassen, es sei was Ernstes, sie müsse sofort in ärztliche Behandlung, denn es könnte entweder ein Lipom oder aber ein Liposarkom sein, also Krebs.

Auf alles war sie gefasst, doch auf so was nie im Leben! Sie bekam es mit der Angst zu tun. Sie war erst 23 Jahre alt, hatte noch viel vor.

Der Tod war für sie bis dahin etwas Fremdes gewesen, etwas das sie mied oder verdrängte nach der schmerzlichen Erfahrung mit ihrer Oma, die an Dickdarmkrebs gestorben war, und ihrem Onkel, der an einem Nierensarkom starb. Nein, eigentlich war ihre Oma nicht an Dickdarmkrebs gestorben, sondern an den Folgen der Morphium-Präparate die ihr verabreicht wurden, und die innerhalb einer Woche zum Herzstillstand führten.

Anfangs hatte ihre Oma sie gebeten, doch mal die Ärzte zu fragen, ob sie die Medikamente weglassen konnten, die ihr Schwindel und Übelkeit verursachten.

Nives litt sehr, denn sie hing wahnsinnig an ihrer Oma. Tag für Tag verdunkelte sich deren Haaransatz immer mehr, und obwohl sie wie in Trance dalag, spürte sie Omas Hand, wie sie ganz sacht mit dem bisschen Kraft, die ihr noch geblieben war, ihre Hand drückte.

Warum ausgerechnet ich?, fragte sich Nives. Ich habe doch gesund gelebt, Fleisch und Fisch esse ich seit vielen Jahren nicht mehr, bin immer in Bewegung, jeden Tag an der frischen Luft! Was habe ich denn falsch gemacht? Wie konnte dies nur entstehen? Fragen über Fragen Tag und Nacht.

Sie beschloss, erst einmal nachschauen zu gehen, was ‚Liposarkom' überhaupt bedeutete.

In einer großen Bibliothek wurde sie schließlich fündig. Es hieß, es sei eine seltene Krebskrankheit, die vor allem Männer ab 50 Jahren traf, die auch Metastasen hervorrufen konnte.

Nives fühlte sich hilflos. Ihr war nur aufgefallen, dass sie innerhalb einer Woche vier Kilo abgenommen hatte obwohl sie normal aß, dass sie ein lästiges Ticken im Ohr spürte, so als würde man dauernd fest die Nägelspitzen aneinanderreiben, so als ob über die Nerven der Auftrag vom Körper ans Gehirn geleitet wurde, Chaos in ihrem Körper zu verursachen. Gedanken waren Energie, ob ihre Sorgen und Probleme der Auslöser für die Krankheit gewesen waren?

Sie wollte eine Operation mit allen Mitteln umgehen, sie hatte zu sehr Angst davor.

Schafe und Ziegen waren die einzigen Tiere, die nicht an Krebs erkrankten, dachte sie, es hängt sicher mit ihrer Ernährung zusammen, denn sie fressen auch giftige Pflanzen auf den Bergwiesen. So beauftragte sie in ihrer Naivität eine Bäuerin, sie solle doch ein bisschen Urin von einer Ziege sammeln, damit sie sich damit einreiben könne.

Bis es soweit war, machte sie sich Umschläge mit Kohl, Zwiebeln und allerlei anderem Gemüse, was jedoch nichts half. Genauso half auch nicht der Urin, den ihr die Bäuerin nach einer Woche lächelnd übergab. Der arme Ziegenbock musste all die Tage mit einem Kännchen ausharren, das hinten an seinem Körper befestigt war, um seinen Urin aufzufangen.

Es kostete Nives ziemlich an Überwindung, sich damit einzureiben, aber alles lieber als eine Operation, dachte sie.

Inzwischen war ihre Geschwulst unter der Achselhöhle verschwunden. Sie hatte ein anderes Deo gekauft, auf das sie nicht allergisch reagierte und dachte, wer weiß was alles in diesen Produkten enthalten ist, das geht ja durch die Haut auf den Blutkreislauf über.

## Myxoides Liposarkom

*Ein seltener bösartiger Tumor des Weichteilgewebes, der feingewebliche Merkmale von Fettzellen oder Fettzellvorstufen aufweist. Die Inzidenz des Liposarkoms wird international mit etwa 2,5 Neuerkrankungen je einer Million Einwohner und Jahr angegeben. Die bei der Entstehung eines Liposarkoms zugrunde liegenden Ursachen sind weitgehend ungeklärt. Vom makroskopischen Bild her sind Liposarkome oft relativ gut und häufig sogar kapselartig begrenzte, knotige oder gelappte, gelbliche bis grau-weiße Tumoren, die je nach Lokalisation eine erhebliche Größe und ein Gewicht von mehreren Kilogramm, auch von über 10 – 30 kg erreichen können. Die scheinbar gute Abgrenzung kann sich insofern als trügerisch erweisen, als in der Umgebung des Haupttumors zuweilen kleinere Tumoransiedelungen gefunden werden.*

*Besonders häufig sind die Oberschenkel betroffen.*

*Mit dem Tumorwachstum möglicherweise einhergehende Allgemeinerscheinungen sind zum Beispiel Müdigkeit, Abgeschlagenheit, Gewichtsverlust, Übelkeit und Erbrechen.*

*50 Prozent der Patienten versterben mit einem rundzelligen oder schlecht differenzierten Liposarkom binnen fünf Jahren an ihrem Tumorleiden. Metastasische Tumoransiedelungen betreffen vor allem die Lunge, die Knochen, Lymphknoten und die Leber.*

*Therapie: Vollständige Tumorresektion, Strahlen- und Chemotherapie.*

26

## Die Suche

Eines Tages erfuhr sie, dass in der Stadt ein angesehener Pranatherapeut arbeitete, der Patienten unentgeltlich untersuchte, Krebspatienten kostenlos behandelte. Obwohl Nives an solche Sachen überhaupt nicht glaubte, es als Charlatanerie immer abgetan hatte, entschied sie sich trotzdem zu ihm hinzugehen, es kostete ja nichts und er hatte eine ihrer Bekannten von ihren Kopfschmerzen und einem Angiom am Auge geheilt.

Sie wusste, dass sie in jener Zeit unter einer Blasenentzündung als Überbleibsel ihrer vorherigen feuchten Wohnung litt, sagte ihm aber nichts.

Er fragte sie, ob ihre Kleider Kunstfasern enthielten, worauf sie antwortete, nein, nur Baumwolle. Schließlich begann er mit dem Handauflegen aus ca. dreißig cm Entfernung.

Sobald seine Hände über dem Bauch waren, spürte sie dort sofort eine große Hitze, genauso hinten bei der Geschwulst, und merkte dass das kein Unfug sein konnte.

Seine Fähigkeiten habe er vor vielen Jahren erlangt, sagte er, als er als großer Unternehmer plötzlich eine Eingebung hatte, seinen Betrieb aufgab und beschloss, von nun an nur mehr anderen Menschen zu helfen. Es sei eine Gabe, die er von Gott erhalten habe, meinte er. Sie könne bei ihm unentgeltlich eine Kur beginnen, wenn sie wolle, er könne die Geschwulst nicht verschwinden lassen, jedoch mit der Zeit verkleinern. Sie müsse auf jeden Fall die Empfehlungen der Ärzte befolgen und könne gleichzeitig drei oder vier Mal die Woche für zwanzig Minuten kommen, ob sie an etwas glaube? Denn der Glaube sei sehr wichtig, sagte er. Es sei gleichgültig, ob man an Gott oder an etwas anderem glaube, wichtig sei, dass man überhaupt an etwas glaube. Wichtig sei auch, dass der Energiefluss im Körper ohne Hindernisse oder Blockaden fließen könne, und dass man auch lernen müsse, im Leben auch Nein sagen zu können, nicht immer Ja, so wie sie es immer zu tun gewohnt war.

Nives wurde mit einer neuen Welt konfrontiert, mit etwas, das sie zwang, tief in sich selbst zu schauen. Sie beschloss, zusätzlich einen Psychotherapeuten aufzusuchen, um ihre Ängste vor der Operation besser in den Griff zu bekommen, denn sie hatte endlich verstanden, dass diese unumgänglich war. Nach insgesamt sechs Stunden sagte dieser zu ihr, die Behandlung sei abgeschlossen, sie könne sich jeden Tag einen Blumenstrauß schenken für die Arbeit, die sie an sich selber geleistet hatte.

Nives beschloss, sich auch an renommierte Ärzte im In- und Ausland zu wenden, um mehr Infos über ihre Krankheit zu erfahren, da niemand im Lande so recht darüber Bescheid wusste. Sie war nämlich damals der einzige Fall.

So meinte der Arzt im Ausland, laut offizieller Medizin müsse sie sich das ganze Fett am Oberschenkel zunächst entfernen lassen, und wenn dies nichts helfe, müsse sie sich das Bein amputieren lassen. Das sei so die Praxis und sie solle es nicht so auf die leichte Schulter nehmen. Worauf sie antwortete, auf gar keinen Fall ließe sie sich das machen!

Ein anderer Arzt im Inland riet zur sofortigen Operation mit anschließender Bestrahlung.

Nives hatte den Eindruck, als ob die Ärzte auch nicht so recht wussten, was die beste Therapie sei und einfach nur die gängigen Regeln der offiziellen

Medizin befolgten.

Sie hatte den Eindruck, dass jeder Krebsfall individuell war. Dass es wichtig war, ihn zu verstehen, um eine Lösung zu finden, eine Überlebenschance zu haben.

Schließlich beschloss sie, sich zum ersten Mal in ihrem Leben im Krankenhaus ihrer Stadt operieren zu lassen.

## Die Operationen

Die Ärzte wollten sie gleich aus Mangel an Erfahrung an eine Universitätsklinik überweisen, doch sie hatte zu ihnen Vertrauen und wollte sich nicht anderswo operieren lassen.

Die erste Operation ging gut, jedoch hatte sie bereits am nächsten Tag darauf den Eindruck, als ob noch etwas im Oberschenkel übriggeblieben wäre und sagte dies auch dem Chirurgen, der sie darauf aufmerksam machte, dass sie noch Rezidive bekommen konnte.

Der Befund ergab ,Lipom', also gutartig, und sie dachte damit wär's vorbei.

Doch ein Jahr darauf wurde Nives wieder operiert, da sich ihr Eindruck nach der ersten Operation bewahrheitet hatte. Diesmal war es allerdings ein bösartiges myxoides Liposarkom.

Mit der Zeit lernte sie ihren Körper immer besser kennen und wusste jedes Mal mindestens einen Monat vor den Ärzten, wann und an welcher Stelle am Oberschenkel sich weitere Rezidive bildeten. Die Anzeichen waren immer dieselben, das lästige Ticken im Ohr, das bei Aufregungen auftrat und umso lästiger wurde, je mehr sie unter Druck stand. Gefährlich war es auch, wenn sie mit dem Oberschenkel irgendwo anstieß oder hinfiel, wie in einem Winter, als die Straßen schneebedeckt und eisig waren, sie bei einer Verkehrsinsel in der Stadt ausrutschte.

Wenn die Ärzte ihr anfangs keinen Glauben schenkten, so fragten sie sie jetzt jedes Mal, wie es ihr ging, und bei der Ultraschall-Untersuchung, wo, an welcher Stelle sie etwas spürte.

Seit der zweiten Operation ging sie regelmäßig zum Pranatherapeuten hin, was ihr in den zukünftigen Leidensjahren sehr half. Schaffte sie es nach der ersten Operation zum Beispiel erst einen Monat nach der Entlassung aus dem Krankenhaus, eine Straße mit Schwierigkeiten und sehr langsam zu überqueren, so konnte sie mit seiner Hilfe bei den nächsten Operationen bereits spätestens am dritten Tag danach normal gehen. Er setzte sich dabei gedanklich mit ihr in Verbindung.

Zu schaffen machte Nives auch die Vollnarkose bei den Operationen, da sie oft monatelang Schwierigkeiten hatte, sich an die simpelsten Wörter zu erinnern. So bevorzugte sie bei den meisten Operationen die Lokalanästhesie.

Bei jeder OP verweigerte sie die Medikamente, sogar das Beruhigungsmittel oder das Schlafmittel vor dem Operationstag, hielt sich nur selten an die Anweisungen der Ärzte.

Sie wollte jedes Mal nur eines: So schnell wie möglich vom Krankenhaus wieder rauskommen!

Wenn es hieß, sie dürfe nicht viel essen wegen des Fiebers nach der Operation, aß sie sehr viel in der Meinung, sich so besser zu stärken und ließ sich rohes Sauerkraut bringen, von dem sie eine Gabel voll jeden Tag aß und das ihr Immunsystem stärkte.

Wenn ihr die Ärzte verboten, vom Bett aufzustehen und ihr sagten, sie müsse einige Tage ruhig liegen bleiben, nahm sie ihre Redonflaschen mit auf den Weg zum dreistöckigen Stiegenhaus des Krankenhauses, wo sie rauf- und runterging, langsamer oder schneller, je nachdem wie die Schmerzen es zuließen.

Um eventuellen Verdauungsschwierigkeiten vorzubeugen, rauchte sie während ihres Krankenhausaufenthaltes im Badezimmer versteckt eine Zigarette, denn ihr Körper war es so gewohnt frühmorgens nach dem Bohnenkaffee, seit sie aufgehört hatte, mit sechzehn, Fleisch und Fisch zu essen. So litt sie nie an Verdauungsproblemen, nicht einmal auf Fernreisen.

An einem Morgen erschrak sie. Nachdem sie ihre Zigarette fertig geraucht hatte und von der Toilette rausging, stand plötzlich ein junger hübscher Mann im Badezimmer, sehr mager und hochgewachsen mit abwesendem Blick, der sich vor Schwäche kaum auf den Beinen halten konnte. Sie ging sofort auf ihn zu und stützte ihn, näherte sich der Tür und rief eine Schwester. Es stellte sich heraus, dass er an Magenkrebs erkrankt und vor einigen Tagen eingeliefert worden war. Drei Tage danach starb er.

Nives ging es nicht gut, da sie sich bewusst war, dass ihr Leben an einem Faden hing, der Tod so nahe war. Damals gab es auch noch keine psychologische Unterstützung für Krebspatienten. Ihr Vater brachte ihr jeden Morgen den Bohnenkaffee und versuchte ihr Mut zuzusprechen, indem er sagte, sie müsse ihn unbedingt überleben und sie solle sich ja an die Anweisungen der Ärzte halten. Derselben Meinung war auch ihre Mutter.

Der Pranatherapeut war Nives eine äußerst wertvolle Stütze. Die Leute kamen vom In- und Ausland zu ihm, sogar Enzo Ferrari, der Erbauer der gleichnamigen Rennwägen, der an einem Kopftumor litt und den sie in der Praxis des Pranatherapeuten traf.

Aber auch ihre Katzen, an denen sie sehr hing und die sich instinktiv nicht ihrem Oberschenkel näherten, waren eine Stütze für sie.

Sie war gerade dabei, eine dreijährige Ausbildung abzuschließen, als wieder eine Operation bevorstand. Der Chirurg wollte sie zwingen, sich sofort operieren zu lassen, da er Angst hatte, der Krebs könne auch auf die Knochen übergreifen, worauf sie sich weigerte und sagte, es sei ihr Leben, diese Ausbildung sei für sie sehr wichtig, sie müsse unbedingt den Abschluss haben.

Der Chirurg drohte daraufhin, dass er sie nicht mehr operiert hätte, wenn sie nicht am nächsten Morgen nüchtern erschienen wäre. Da sagte sie ihm, dass sie ihn in diesem Fall wegen unterlassener Hilfeleistung anzeigen würde. Und zum ersten Mal sprach er mit ihr auf derselben Ebene, nicht mehr von oben herab wie der Pfarrer von der Kanzel.

Nives schaffte den Abschluss und ließ sich dann von ihm operieren. Dabei war sie während der Operation in einer derartigen Verfassung, dass sie mitten in der Vollnarkose ihren Herzschlag hätte steuern können, den sie genau wahrnahm. Sie hätte ihren eigenen Tod herbeiführen können, wenn sie es gewollt hätte, doch sie wollte leben.

Während des Krankenhausaufenthaltes, als sie vom Zimmer aus im Gang eine junge Frau vorbeigehen sah, die ihre Mutter besuchte, spürte sie, dass sie Freundinnen geworden wären, was dann auch so geschah, denn diese Frau wurde ihre beste Freundin.

Nives lag in einem Zweibettzimmer zusammen mit einer älteren Frau, die sich jeden Tag schminkte und eine Perücke mit leuchtend roten Haaren trug. Sie musste lange Zeit im Krankenhaus bleiben, weil sie bei einem Überfall hingefallen war und sich dabei das Becken gebrochen hatte. Man merkte sofort, dass die Frau ‚gut betucht' war, weil sie jeden Tag allerlei Ansprüche stellte und dauernd die

Schwestern rief.

Eines Nachts stand plötzlich ein fremder Mann in ihrem Zimmer und fragte Nives, wo die Männerabteilung sei. Sie erklärte es ihm, worauf der Mann wieder ging. Die alte Frau hatte sich erschreckt, schrie und rief sofort die Schwester, die der Sache nachging und den Mann suchte.

Sie fand ihn wirklich in der Männerabteilung. Da nachts der Vordereingang des Krankenhauses geschlossen war, gelang es ihm durch den Hintereingang ins Krankenhaus zu kommen. Es war ein Tourist, der kein freies Zimmer mehr im Kurort gefunden hatte und so kurzerhand beschloss, im Krankenhaus die Nacht zu verbringen.

Der Chirurg von Nives war mittlerweile in ein anderes kleineres Krankenhaus versetzt worden, als die nächste Operation anstand.

Im Krankenhaus wurden gerade die Operationsräume ausgeweißelt, es war Sommer, Personal war wenig da, so musste sie teilweise mit ihrer Kraft das Bein hochheben, während der Arzt sie operierte. Wenn ihre Tumore bisher immer sehr gut eingekapselt gewesen waren, so brach eines der beiden Liposarkome während der Operation auf. Der Chirurg versicherte ihr danach, trotzdem alles entfernt zu haben.

Sie bekam wieder ihre Radonflaschen und die üblichen Anweisungen, an die sie sich nicht hielt. Eines Abends hörte sie eine Katze draußen beim Parkplatz des Krankenhauses schrecklich schreien. Sie ging zum Fenster, schrie hinaus, man solle der Katze doch helfen, doch niemand hörte sie. Daraufhin ging sie hinunter zum Hinterausgang und ließ sich die Türe aufschließen. Der Katze war nicht mehr zu helfen, man hatte sie umgebracht. Nives regte sich furchtbar auf, sagte zum Wächter, warum er nicht nachschauen gegangen sei, sie hätte so lange gebraucht hinunterzukommen, er aber wäre in unmittelbarer Nähe gewesen. Sie bekam nur zur Antwort, dass es ihm egal sei.

Am nächsten Tag ging sie mit ihren Redonflaschen auf dem Gang spazieren. Ein Mann schrie fürchterlich, und da die Türe seines Zimmers offen stand, sah sie ihn. Seine Haut war schwarz, er lag nackt im Zimmer und die einzige Stelle, an der die

Krankenschwestern die Medikamente verabreichen konnten, waren seine Fußsohlen. Bei einer Grillfeier an einem sehr warmen Tag hatte er Öl benützt für das Feuer und hatte sich dabei Verbrennungen dritten und vierten Grades zugezogen.

Am Tag darauf lernte Nives im Gang eine Bäuerin kennen, die Angst vor der bevorstehenden Operation des nächsten Tages hatte. Sie versuchte, sie aufzumuntern. Die Frau war schon vor Jahren einer invasiven Brustkrebsoperation unterzogen worden, diesmal war eine fast faustgroße Krebsgeschwulst im Genitalbereich zu entfernen. Die Bäuerin war verzagt, klagte darüber, wie wohl ihre Leute oben am Bergbauernhof die Zeit ohne sie überbrücken konnten, ihre Kinder, ihr Mann. Nives sagte, sie solle sich beruhigen, zuerst an sich denken, an ihre Gesundheit, nicht an anderes. Ihre Familie würde schon ohne sie zurechtkommen. Doch die Bauerin war nicht zu beruhigen. So sagte Nives zu ihr, sie würde ihr jetzt etwas zeigen, das ihr sicher Glück bringen würde, aber sie müsse mit ihr mitgehen. Am Tag vorher hatte sie nämlich ein Schwalbennest am Ende des Ganges draußen auf dem Balkon entdeckt, und wollte es ihr zeigen. Sehen Sie, sagte sie, Schwalben bringen immer Glück und glücklich auch das Gebäude, in welchem die Schwalben nisten!

Nives beschloss am nächsten Tag, die Bäuerin erst nachmittags besuchen zu gehen, nicht schon vormittags nach der Operation. Als sie nach dem Mittagessen auf den Gang hinausging, kam ihr die Bäuerin plötzlich freudestrahlend entgegen. Sie war angezogen und war dabei, das Krankenhaus zu verlassen.

„Ja wie", sagte Nives, „ich dachte, Sie seien heute Vormittag operiert worden?"

„Ja, ich bin wirklich heute frühmorgens operiert worden", antwortete die Bäuerin, „aber die Ärzte fanden die Geschwulst nicht mehr, die war auf einmal weg!"

Verwundert und erfreut antwortete Nives:

„Sehen Sie, die Schwalben haben Ihnen wirklich Glück gebracht!"

Vor der vorletzten Operation, bei der sich Nives zwei Rezidive entfernen hätte lassem müssen, spürte sie, dass ein Knoten gutartig war, der andere bösartig. Ein gutes Zeichen, dachte sie, ich bin endlich auf dem Weg der Besserung und Hoffnung!

Ihr Chirurg weigerte sich auf einmal, sie weiterhin zu operieren, sah sich nicht mehr darüber hinaus, war überzeugt, dass beide Knoten wieder bösartig waren und zwang sie, in eine Universitätsklinik zu gehen. Es half nichts, ihn zu bitten, es noch einmal zu übernehmen, er weigerte sich strikt.

Sie hatte Angst. Am Tag der Operation fuhr sie frühmorgens all die Kilometer mit dem Auto zur Universitätsklinik, kam ins Untergeschoss, wo sie sich umziehen musste. Sie saß aufrecht auf dem Bett und wartete darauf, dass sie jemand holen kommen würde. Da kam ein Krankenpfleger mit einer großen Spritze vorbei und fragte sie, wo die Schönheitsoperation gemacht werden sollte.

Das regte sie auf, denn nie im Leben hätte sie solch eine Operation über sich ergehen lassen und sagte ihm ihre Meinung.

Bald darauf wurde sie immer noch aufrecht sitzend von einer Schwester in den Operationssaal im oberen Stock geschoben. Es war ihr wurst, ob die Leute, die in den Wartesälen warteten, ihren nackten Hintern dabei sahen.

Im Operationssaal hieß es, sie müssten sie anbinden.

Sie weigerte sich, ließ sich nur eine Lokalanästhesie machen. Diese zeigte keine Wirkung, denn sie spürte alles. Wahrscheinlich hatte die Aufregung von vorhin die Wirkung des Medikamentes total abgeschwächt.

Am Ende der Operation wollte Nives sehen, was sie ihr entfernt hatten und erschrak. Viel zu invasiv waren sie vorgegangen, wie in der Praxis der offiziellen Medizin in den Unikliniken üblich, sie hatten viel zu viel entfernt, denn auf dem metallenen ‚Tablett' türmte sich ein Berg und in ihrem Oberschenkel gruben sich tiefe Löcher.

Sie ärgerte sich. Als sie sagten, sie könne ja eine Schönheitsoperation später machen lassen und sie würde nun in den fünften Stock gebracht, dürfe sich acht Tage lang nicht bewegen und müsse im Bett bleiben, war ihr das alles zu viel. Kaum war sie im Zimmer angelangt, beschloss sie, ihren Bruder anzurufen und sich heimführen zu lassen, zog sich mit Mühe an. Die Zeit dafür schien ihr unendlich lang zu sein.

Der Chirurg war zornig, als sie das Formular unterschrieb und einfach das Krankenhaus verließ.

Der Befund der beiden entfernten Knoten ergab, dass sie Recht gehabt hatte, denn nur einer von den beiden Knoten war bösartig. Nach Jahren der zahlreichen OP's endlich ein Knoten, der nicht bösartig war!

Nives war sich bewusst, dass der Chirurg der Universitätsklinik einen Fehler gemacht hatte. Denn innerhalb von nur einer Woche nach der Operation hatten sich fünf neue bösartige Liposarkome gebildet. So als ob man in einen Ameisenhaufen getreten wäre. Im ersten Moment passierte nichts, doch dann kamen auf einmal alle Ameisen daher. So stellte sie sich die Krebszellen vor.

Wäre die Operation nicht so invasiv gewesen, hätte der Chirurg ihr nur die beiden Knoten ohne Umfeld entfernt, wäre dies nicht passiert, dachte sie.

Nives beschloss zu ihrem Chirurgen zu gehen, zeigte ihm den Befund der OP, der bewies dass sie Recht gehabt hatte, sagte, sie habe wieder fünf Knoten zu entfernen. Und zwar von ihm und von niemand anderem sonst. Er antwortete, er würde es sich überlegen und ihr dann Bescheid geben.

Die Pranatherapie hatte immer sehr gut auf sie gewirkt, denn jedes Mal waren die Liposarkome kleiner geworden. Auch dieses Mal.

Nives Eltern konnten es kaum glauben, genauso die Ärzte. Noch bei der ersten Operation hatten sie versucht, ihr klarzumachen, dass alles was die Ärzte sagten und ihr vorschrieben, unbedingt zu befolgen war. Sie hatte stattdessen auf ihren Körper gehört und das entschieden, was sie für richtig hielt. Es kostete Nives jedes Mal viel Kraft, sowohl mit den Eltern als auch mit den Ärzten animiert diskutieren zu müssen, sie setzte sich aber immer durch, es war ihr Leben.

Im Abstand von zweieinhalb Wochen ließ sie sich zwei Mal Ultraschall-Untersuchungen machen, bei denen man zweifellos feststellen konnte, was die Pranatherapie bewirkt hatte.

Alle fünf Liposarkome waren um einen – bis drei Zentimetern geschrumpft. Seitdem sie dies auch ihrem Chirurgen vorzeigte, wurde die Pranatherapie von diesem erstmals - mit Fragezeichen - akzeptiert.

Die letzte Operation war die größte von allen. Der Chirurg entfernte nur die Liposarkome ohne Umfeld, trotzdem entstand eine lange Narbe an ihrem Bein, die sich über den gesamten Oberschenkel langzog.

Nach einigen Tagen durfte sie endlich wieder nach Hause. Der Chirurg hatte ihr einen Brief mitgegeben, denn er wollte sie in eine andere Universitätsklinik für die anschließende Chemotherapie einweisen. Sie hätte sich dort die Chemo heiß ins Bein spritzen lassen sollen.

Nives sagte nie und nimmer!

Daheim öffnete sie den verschlossenen Brief, in dem zuletzt stand: Bitte die Patientin mit Samthandschuhen behandeln, sie ist sehr schwierig! Da lächelte sie und warf den Brief weg.

Die vorgesehenen Kontrolluntersuchungen hätte sie zehn Jahre lang machen müssen, sie ging etwa sieben Jahre hin, dann ließ sie es bleiben.

Innerhalb von sieben Jahren wurden somit Nives insgesamt fünfzehn Liposarkome entfernt, von denen nur einer nicht bösartig gewesen war.

Ihr Oberschenkel sah aus wie eine Mondlandschaft mit Kratern. Nach all den Operationen die Faszien kaputt, die Nerven durchtrennt und löchrige Stellen.

Jedoch war sie noch am Leben, und das war das Allerwichtigste! Sie hatte darum gekämpft wie eine Löwin, hatte durchgehalten, instinktiv das Richtige im richtigen Moment entschieden.

Sie erfuhr in dieser Zeit, dass es zwei weitere Leidensgenossen mit derselben Krankheit gab.

Die eine Frau war kurze Zeit nach der Chemotherapie gestorben, dem Mann hatte man das Bein amputiert, ihn mit Strahlen- und Chemotherapie behandelt. Er bekam Metastasen in der Lunge und starb.

## Der Pranatherapeut

Ihr Pranatherapeut stand im engen Kontakt mit einem Chirurgen einer inländischen Universitätsklinik, der fünf Tausend Leukämie kranken Kindern nach der Tschernobyl-Katastrophe, ohne Chemo- oder Strahlentherapie, zur Heilung verhalf.

Er war von der Chemo- und Strahlentherapie nicht überzeugt, außer wenn es sich um einen sehr bösen und sehr schnell wachsenden Tumor handelte.

Er war der Meinung, man könne die Körper eigenen Abwehrkräfte nur ankurbeln, wenn noch keine Strahlen- oder Chemotherapie gemacht worden war. Der Arzt riskierte jeden Tag, vom Ärzteregister ausgeschlossen zu werden, weil er sich mit alternativen Therapiemethoden befasste.

Außerdem stand der Pranatherapeut auch mit einem Labor in einer großen Stadt in Verbindung, die die Kristallisierung des Blutes untersuchte. Nives kam zum Schluss, dass die offizielle Medizin eher den Körper vergiftete, anstatt die eigenen Heilungskräfte anzuregen, und sowieso Psyche und Körper trennte, somit ihrer Meinung nach niemals hundertprozentige Ergebnisse erzielen konnte.

Warum soll ich mir wegen einer anarchischen Zelle jeweils acht Tausend gesunde Zellen durch die Chemo vernichten lassen?, dachte sie.

Die Ärzte hatten ihr den üblichen Therapiezyklus verschreiben wollen, den sie nicht für richtig hielt und absolut verweigerte.

Nives machte mit dem Arzt einen Termin aus. Er nahm ihr einen Blutstropfen vom Finger ab und schickte ihn in besagtes Labor. Und er gab ihr viele Ratschläge und Infos.

Erstens, sagte er, habe der Tumor sie am Bein getroffen, weil sie wahrscheinlich früher in einer Situation gewesen war, bei der sie daheim weglaufen wollte und es nicht konnte. Das entsprach der Wahrheit … Sie staunte.

Der Krebs treffe zum Beispiel Frauen an der Brust, die Schwierigkeiten mit ihren Kindern und ihrem Mann hatten, Frieden stiften wollten und es ihnen nicht gelang. Oder sie wurden im Genitalbereich vom Krebs getroffen, wenn sie zum Beispiel Kinder haben wollten und ihr Partner nicht damit einverstanden war. Oder Menschen wurden im

Halsbereich, Magen oder Leber vom Krebs getroffen, weil sie es gewohnt waren, immer alles hinunterzuschlucken, anstatt auf Situationen konkret zu reagieren.

Bei ihrer verstorbenen Oma dachte Nives, dass der Auslöser für ihren Darmkrebs vielleicht die Gewohnheit war, immer das Aufgekochte wieder aufzuwärmen, auch zwei Tage lang, die Nahrung somit ,tot' und ohne Nährstoffe war. Seit dem Tod ihrer Oma konnte Nives am süßlichen besonderen Geruch diese Krankheit auch bei anderen Menschen erkennen, so wie jetzt noch. Die eigenen Haustiere erkannten dies auch, ob jemand Krebs hatte.

Also lag Nives richtig, dass der Auslöser einer solchen Krankheit unter anderem von den negativen Gedanken, dem Stress und den Sorgen ausging, wenn nicht Umwelteinflüsse oder Erbgeschichten auch noch dazukamen.

Eigentlich logisch, dachte sie. Das, was einen aufregt, schlägt sich nicht nur aufs Gemüt nieder, sondern schwächt auch die Abwehrkräfte des Körpers. Mit Gedanken kann man den Körper beeinflussen. Oft will man zum Beispiel nicht zu einem Termin hin und bekommt plötzlich aus heiterem Himmel Kopf- oder Zahnschmerzen, so als hätte unser Körper sich auf unseren Willen eingestellt und dafür gesorgt, dass wir eine Ausrede parat haben, um nicht mehr hingehen zu müssen.

Oder anders: Ein Kind tut sich weh und weint, die Mutter streichelt sanft über seinen Kopf und es beruhigt sich gleich.

Wie konnte die Medizin nur Körper und Geist trennen, die standen doch in Synergie zueinander, dachte sie.

Der Arzt sagte, es sei sehr wichtig, dass sie gut verdaue, Rauch und Alkohol seien untersagt, genauso Essen aus der Dose oder nicht frisch zubereitetes Essen und Getränke, kein Fleisch, Würste, Leberkäse etc. mehr, keinen Käse mit Schimmel wie Gorgonzola, keine Getränke mit Kohlenhydrate, keine Milch, da sie nicht leicht verdaulich ist, immer vor Mitternacht schlafen gehen ….

Er hörte nicht mehr auf. Nives warf ein, sie wollte normal weiterleben, nicht all diese Verbote einhalten. Sie sagte dem Arzt, dass sie ein Päckchen

Zigaretten am Tag rauche, Alkohol sehr selten und wenn, dann nur ein Glas wenn sie aus Essen ging, Fleisch und Fisch aß sie seit dem sechzehnten Lebensjahr nicht mehr. Da entgegnete der Arzt, es seien bloß Ratschläge, das Allerwichtigste sei auf jeden Fall, dass sie sich in ihrer Haut wohlfühle, gut verdaue, und was den Vegetarismus betraf, so sagte er, sei es nur von Vorteil für die Heilung.

Nach einigen Tagen kam das Ergebnis vom Labor, welches auf die Kristallisierung des Blutes spezialisiert war.

Nives las ungläubig und erstaunt, was da alles stand. Dass immer noch Krebszellen unterwegs waren, dass sie die Monatsblutung unregelmäßig bekam, kurz und gut: es waren Informationen enthalten, die wirklich stimmten und niemand außer sie selbst wissen konnte. Und das nur mit einem Blutstropfen?!

Der Arzt fügte zum Schluss hinzu, dass auch die Unterdrückung des sexuellen Triebes nicht gut sei. Da wandte Nives ein, sie sei effektiv allzuoft enttäuscht worden, habe den richtigen Mann noch nie gefunden, sei an keine One-night-stands interessiert und habe derzeit keinen Freund, fühle sich aber wohl so.

Der Arzt verschrieb ihr eine Monatskur auf Basis von Vitamin A – C und E. Wie zum Beispiel Kornkeimöl in Kapseln, Herbstzeitlosenextrakt, braungrünliche pflanzliche kleine Würfel zum Verdauen, Misteltee, hochreine Askorbinsäure, Sonnenhut etc., alles natürliche Produkte.

Er riet ihr, nur frische Kost und frisch gepresste ungezuckerte Säfte zu sich zu nehmen oder Grün- und Kräutertees, auf Süßspeisen absolut zu verzichten und auf Gewichtsschwankungen zu achten, denn eine Gewichtszunahme sei gefährlich, sagte er.

Der Arzt hatten ihr imponiert.

Genauso die unermessliche Geduld und Großzügigkeit ihres Pranatherapeuten, dem sie am liebsten ein Denkmal gesetzt hätte.

## Die Heilung

Nives kam zum Schluss, immer zu wenig an sich selbst gedacht zu haben, immer zur Verfügung gestanden zu haben, wenn jemand etwas von ihr brauchte. Sie musste lernen, auch Nein sagen zu können. Sie hatte dasselbe Anrecht auf ihr ‚Territorium' wie jedes andere Lebewesen auch auf dieser Erde, ab dem Moment seiner Existenz.

In diesen langen Jahren des Leids fand sie zu Gott und zu ihrem Schutzengel. Lieber Gott, dachte sie einmal in einer verzwickten Situation, du kannst mit meinem Leben tun, was du für richtig hälst, ich übergebe mich dir, bitte nimm mich in deinen Armen auf, aber lass mich bitte leben, ich möchte noch irgendwann einmal Mutter werden, mein Kind wachsen und gedeihen sehen, ich habe noch so viel vor …

Nives ging viel in die Natur hinaus, um Kraft und Ruhe zu schöpfen, hielt sich zu etwa 70% an die Ratschläge des Arztes, aß gesund, machte die einmonatige Kur und versuchte, normal zu leben.

Manchmal stellte sie sich gedanklich vor, durch einen Waldweg bis zu einer Lichtung zu kommen, wo sie an einem wunderschönen Teich mit kristallklarem Wasser und Blumen ringsumher rastete.

Manchmal stellte sie sich gedanklich vor, das frische

und reine Wasser würde ihren Körper von den Haarwurzeln bis zu den Zehen hinunter durchfließen und alles Schädliche aus ihrem Körper rausspülen.

In den Leidensjahren waren ihr spirituell viele ‚Fenster' aufgegangen, von deren Existenz sie bis dahin keine Ahnung gehabt hatte.

Mittlerweile sind seit ihrer letzten Operation fast 25 Jahre vergangen. Nives hat es geschafft, sie ist geheilt, und sie ist Mutter geworden.

Der Chirurg, der sich mit alternativen Therapiemethoden bei Krebskrankheiten befasste, wurde in der Universitätsklinik, wo er arbeitete, entlassen und arbeitet derzeit privat.

Der Pranatherapeut verstarb nach vielen Jahren an Krebs.

## Nachwort

Krebs war bereits Hippokrates von Kos, dem berühmtesten Arzt des Altertums, 400 v.Chr. bekannt. Seit wenigen Jahrhunderten entsteht Krebs durch die rücksichtslose Vergiftung unserer Umwelt und Nahrung, durch das Chaos in der Synergie zwischen Körper und Psyche, bedingt durch unseren hastigen Lebensrhythmus. Wenn wir heutzutage noch mehrere über Hunderjährige haben, so werden es Jahr für Jahr immer weniger sein, die so ein Alter erreichen, denn von unserer Generation und denen, die uns noch folgen werden, werden es immer weniger sein.

Es gilt auf jeden Fall, die vielen Geheimnisse und Selbstheilungsmöglichkeiten, die in jedem von uns seit unserer Geburt stecken, zu suchen und zu finden, und in Liebe zu leben und zu handeln.

Jeder kann gesund werden!

Die Wahl der Therapie soll jeder für sich selbst entscheiden. Allerdings ist zu beachten, dass:

- Das Milliardengeschäft der Pharmakonzerne diesen nach wie vor jedes Jahr immense Geldsummen beschert;

- die Pharmakonzerne zu den stärksten Wachstumsmärkten gehören und die verschiedenen Unternehmen um die Entwicklung neuer Medikamente untereinander mit allen Mitteln wetteifern;
- auch Krankenhäuser von der scheinbar besten Methode im Kampf gegen den Krebs profitieren, wobei nicht jeder Krebs auf die Chemotherapie anspricht und es immer noch keine hundertprozentige Heilung gibt;
- Patienten, die sich einer Chemotherapie unterziehen, ihre Hoffnung oft mit zusätzlichem Leid bezahlen. Die meisten Krebspatienten sterben aufgrund einer Chemotherapie, so abstrus es klingen mag;
- das Risiko eines Zweitmalignoms bei kombinierter Radio-Chemotherapie am Größten ist. Bei jeder Strahlentherapie werden bis zu Millionen von Mitochondrien unwiderrufbar zerstört.

Krebs ist für jeden Menschen eine erschütternde Diagnose. Laut Prognosen der WHO wird in der westlichen Welt bis zum Jahre 2050 jeder zweite Mensch an Krebs sterben.

Als die Pharma-Lobby noch nicht so einflussreich war, wussten die Ärzte vom Zusammenhang zwischen Krebs und Psyche, und schon der englische Arzt Gendron und zahlreiche andere setzten Lebenskatastrophen, große Sorgen und Kummer in Zusammenhang mit Krebs.

Es ergibt keinen Sinn in der Bekämpfung von Krebs, unserem Immunsystem durch Giftstoffe und Bestrahlungen derartige Schäden zuzufügen, um nur einige wenige Jahre zu überleben.

Niemand hat das Recht, sich am Leid eines anderen zu bereichern!